LES OSSEMENTS DE SPY

ET

L'ETHNOGRAPHIE DE LA TUNISIE

RAPPORT

SUR LE CONCOURS DU PRIX BROCA

PAR

M. TOPINARD

EXTRAIT DES BULLETINS DE LA SOCIÉTÉ D'ANTHROPOLOGIE

Séance solennelle du 13 décembre 1888.

PARIS

TYPOGRAPHIE A. HENNUYER

RUE DARCET, 7

1889

LES OSSEMENTS DE SPY

ET

L'ETHNOGRAPHIE DE LA TUNISIE

RAPPORT

SUR LE CONCOURS DU PRIX BROCA

PAR

M. TOPINARD

EXTRAIT DES BULLETINS DE LA SOCIÉTÉ D'ANTHROPOLOGIE

Séance solennelle du 13 décembre 1888.

PARIS

TYPOGRAPHIE A. HENNUYER

RUE DARCET, 7

1889

CONCOURS DU PRIX BROCA

La Commission du prix Broca, composée de MM. Mathias Duval, Hervé, Hamy, Bordier et Topinard, rapporteur, a examiné les mémoires qui ont été adressés à la Société, du 1er janvier 1885 au 31 décembre 1887, pour le prix institué par Mme Broca en l'honneur de notre illustre et regretté fondateur.

Ces mémoires ne sont pas nombreux ; il semble que l'on ignore la valeur de ce prix ; mais ils sont fort importants, au nombre de deux. L'un est de M. Julien Fraipont, professeur à l'Université de Liège ; l'autre est du docteur René Collignon, chirurgien-major au 25e de ligne, l'un de nos collègues.

Je vous parlerai d'abord du premier, intitulé : *Recherches ethnographiques sur les ossements humains découverts dans les dépôts quaternaires d'une grotte, à Spy*, par MM. Julien Fraipont et Max Lohest, brochure de 191 pages, accompagnée de 21 figures dans le texte et de 4 planches hors texte. Dans cette collaboration commune, M. Max Lohest, me paraît-il, aurait fourni les pièces, et M. Fraipont les a décrites. M. Max Lohest, en collaboration avec M. Marcel de Puydt, a décrit, de son côté, dans une brochure antérieure, les silex, objets et circonstances de la trouvaille. Du reste, le présent mémoire, presque exclusivement anatomique, nous a été adressé par M. Fraipont.

Le bruit qui s'est fait autour de la trouvaille de Spy, et que la Société d'anthropologie, la *Revue d'anthropologie* et l'Institut ont reflété, et surtout l'âge du gisement, qui donne à ces os leur haute valeur, nous obligent à résumer les conditions de ce gisement.

La grotte de Spy est située dans une région célèbre entre toutes de la Belgique, et illustrée déjà par Schmerling, Dupont et bien d'autres; elle est à proximité de Liège et plus près encore d'Engis, dans la vallée de l'Ormeau, petit affluent de la Sambre. Elle est formée de deux parties, que l'on confond souvent et à tort : la grotte elle-même, qui est creusée dans le calcaire carbonifère et a été fouillée en 1879 et en 1885, et la terrasse qui la précède, d'une étendue de 11 mètres sur 6, explorée, en 1886, par MM. de Puydt et Max Lohest. C'est de la terrasse seulement qu'il est question dans le mémoire que nous avons à examiner ; c'est dans ses parties profondes qu'ont été recueillis les deux squelettes décrits par M. Julien Fraipont.

Cette terrasse, placée à 17 mètres au-dessus de la rivière, présentait, de haut en bas, la coupe suivante :

Première couche. — Blocs calcaires et terre végétale brune ;

Deuxième couche. — Terre jaune, passant parfois au tuf, contenant des fragments anguleux de calcaire et, avec cela, des silex taillés du type du Moustiers, des os de mammouth et une canine d'ours ;

Troisième couche. — La plus importante, renfermant, outre des fragments anguleux de calcaire analogues aux précédents, des silex moustériens, des objets en os et en ivoire travaillés, des perles, des os avec entailles et dessins, quelques fragments de poterie même, et enfin des os de mammouth, de *Rhinoceros tichorhinus,* d'ours des cavernes, de renne, etc.;

Quatrième couche. — Terre jaune contenant encore des blocs anguleux, tombés sans doute de la voûte de la grotte, qui devait s'avancer plus qu'aujourd'hui. sans traces de limons stratifiés ou de cailloux roulés, mais avec des silex rares du type moustérien, des os de mammouth, d'ours des cavernes, de rhinocéros et de renne. C'est dans cette couche, dite *troisième niveau ossifère ou profond,* qu'ont été trouvés les restes des squelettes qui font l'objet du travail de M. Fraipont.

De ce résumé on conclura, sans que nous ayons à insister, que la terrasse, faisant ou non partie de la grotte, n'a pas été visitée par les eaux de la rivière exhaussée ; que cette terrasse et la grotte ont été habitées par l'homme à trois époques différentes peu espacées ; que ces trois époques présentent sensiblement la même faune et la même industrie moustérienne ; que la seconde époque, cependant, avec ses os et ivoires travaillés et sa poterie, se présente dans des conditions tellement étranges, qu'on se prendrait à douter de sa valeur, n'était le soin qui paraît avoir été pris dans les fouilles.

Il résulte de plus de ces faits que la terrasse de Spy est en contradiction, par plusieurs points, avec ce qu'on observe dans les grottes correspondantes du centre et du midi de la France et que le mammouth, aussi bien que la taille moustérienne s'y sont continués beaucoup plus tard, au delà de l'âge du renne, caractérisés dans notre pays par les os travaillés.

La présence de la poterie surtout, dans la troisième couche, est un fait extraordinaire, que n'acceptent pas les autorités de la science préhistorique dans notre pays.

Quoi qu'il en soit, le gisement des deux squelettes n'est pas atteint par ces réserves ; ils sont bien là, dans la quatrième couche, contemporaine du mammouth, du grand ours et des silex moustériens. Ces squelettes, comme je vais l'exposer, appartenaient à la race du Néanderthal, que l'on proesse, en France, être contemporaine plutôt de l'*Elephas antiquus* que de l'*Elephas primigenius*, du type acheuléen ou chelléen des silex que du type moustérien. Mais il n'y a là ·ien de choquant ; la race du Néanderthal ne s'est pas éteinte avec l'époque chelléenne, elle s'est continuée après, ainsi que l ont prouvé les auteurs des *Crania ethnica*. Il est cependant nécessaire de noter que, parmi les restes de la race du Néanderthal auparavant connus, peu ont été datés d'une façon certaine, et que la célèbre calotte du ravin du Néanderthal, dans le loess du Rhin, n'était pas accompagnée elle-même d'ossements d'animaux ou de silex consacrant son âge. Les restes

humains de Spy sont les premiers qui se présentent dans des
conditions absolument positives de date. Aussi la science ne
saurait-elle être trop reconnaissante envers M. Fraipont pour
le soin qu'il a apporté à les décrire minutieusement.

Résumons donc les points les plus saillants de sa description. Ayant vu et touché personnellement ces précieuses reli-
ques, cela nous est facile.

Les ossements humains de la couche profonde de la terrasse
de Spy appartiennent à deux individus, tous deux, à notre
avis, du sexe masculin. Ils comprennent deux calottes plus
entières que celle du Néanderthal, un maxillaire supérieur
assez complet, un maxillaire inférieur auquel il ne manque
qu'un peu des parties postérieures, une série d'os longs en
plus ou moins bon état, parmi lesquels : 1 fémur, 1 tibia,
4 humérus, des vertèbres, des os du tarse, en tout 72 pièces,
non compris quelques menus fragments et des dents isolées.

Les deux calottes ont une ressemblance frappante, le
numéro 1 surtout, avec celle du Néanderthal. Les deux sont
dolichocéphales, étroites en avant, relativement larges dans
leur région bipariétale. Elles sont platycéphales, c'est-à-dire
basses, à voûte surbaissée ; toutes deux ont le front fuyant,
dit néanderthaloïde, surtout le numéro 1 ; les arcades sourci-
lières sont très saillantes, surtout encore le numéro 1. Toutes
deux présentent, à partir d'un point du vertex en avant de
l'obélion, un aplatissement incliné allant jusqu'au sommet de
la bosse occipitale. Toutes deux, mais le numéro 1 spécialement, ont le crâne postérieur comme dilaté à la façon d'une
vessie mal remplie d'eau, spécialement au niveau des bosses
pariétales, qui méritent plutôt le nom de renflements.

Le plus dolichocéphale est le numéro 1, qui a un indice
de 70, tandis que le Néanderthal a 72 et le Spy n° 2, 74.8.
Le numéro 1 rappelle en tous points le Néanderthal ; le
numéro 2 en diffère par un caractère spécial, remarqua-
blement simien. C'est une sorte de sphéricité des renflements
pariétaux qui rappelle la configuration au même endroit du
chimpanzé femelle principalement. Malheureusement, ce

trait curieux est de ceux qui frappent lorsqu'on a la pièce
en main et qu'on la compare avec un crâne d'anthropoïde,
mais qu'il est difficile de peindre.

La mâchoire inférieure est après la calotte l'os le plus
important à étudier. Elle diffère de celle de la Naulette, que
l'on a l'habitude de considérer comme le complément du
type du Néanderthal, sauf par un caractère. Cette mâchoire
est robuste et haute, tandis que celle de la Naulette est
petite, basse et à contours adoucis. Elle a des apophyses
géni classiques, soit deux supérieures latérales et une inférieure médiane, tandis que, dans la Naulette, ces apophyses
sont si peu marquées, que pendant longtemps elles ont été
niées. Le volume des trois grosses molaires de la mandibule
de Spy sont sensiblement égales, tandis que dans la Naulette
elles augmentent d'avant en arrière.

Le caractère commun aux deux mâchoires inférieures de
Spy et de la Naulette, c'est le peu de développement de la
surface triangulaire exhaussée qui forme le menton chez
l'homme. Chez les singes anthropoïdes, la face antérieure de
la mandibule est arrondie sans la moindre trace d'un relief
sur la ligne médiane en bas, la courbe se continue en bas et
en arrière insensiblement, et le bord inférieur fuit. Chez
l'homme, le triangle mentonnier est toujours indiqué et il y a
toujours un angle droit, pour le moins, à la jonction de la
face antérieure et du bord inférieur. Le cas minimum de
triangle ou d'éminence mentonnière que je connaisse chez
l'homme est celui de la Naulette, la mâchoire de Spy vient
après, puis, mais à une grande distance déjà, celle du Néo-
Hébridien que Broca a figurée. Je ne parle pas de la mâchoire
de la Chipka décrite par Virchow, je ne l'ai pas vue de mes
propres yeux.

Les hommes de la couche profonde de la terrasse de Spy
étaient de petite taille et robustes. Leurs os sont gros, trapus,
et avaient de fortes saillies ou empreintes musculaires. Le
corps du fémur est plus arrondi que dans nos races actuelles, sa
ligne âpre est peu saillante. Le tibia n'est pas platycnémique.

M. le professeur Fraipont a décrit sur le fémur de Spy un caractère qui n'a pas été indiqué avant lui et qui conduit à une déduction curieuse. Les surfaces articulaires des condyles de l'extrémité inférieure de cet os seraient plus prolongées en arrière et en haut que dans nos fémurs actuels. Ce caractère, associé à la forte incurvation antéro-postérieure de la diaphyse, le pousse à conclure que les hommes de Spy devaient marcher à la manière du gorille, avec les membres inférieurs demi-fléchis.

Cette induction se trouverait confirmée par la constatation ultérieure sur le tibia d'un autre caractère dont M. Fraipont a fait l'objet d'un mémoire spécial, à savoir par la présence d'une déviation angulaire en arrière de la partie supérieure du tibia, entraînant une obliquité en arrière des plateaux articulaires. Il en résulte que la diaphyse de cet os était obligée, dans l'attitude verticale, de se porter en arrière, c'est-à-dire de se fléchir sur le fémur d'une quantité notable.

J'ai été long, messieurs, je ne puis insister davantage sur la description de M. Fraipont. Cet aperçu suffit à vous montrer que les hommes de Spy sont bien, en effet, du même type que l'homme du Néanderthal, qu'ils possèdent des caractères incontestables d'infériorité, et que par conséquent ils se rapprochent de l'animal plus qu'aucuns types de races plus récentes, admis par les anthropologistes.

En somme, messieurs, la trouvaille de la terrasse de Spy est une des plus importantes, sinon la plus importante, qui ait été faite sur l'homme préhistorique. Nous n'avions pas la preuve que la mâchoire de la Naulette et le crâne du Néanderthal appartinssent à un même type ; le fait, aujourd'hui, est plus que probable. Nous n'étions que médiocrement fondés à dire que l'homme du type du Néanderthal était de petite taille, et avait des os gros et robustes. Aujourd'hui, nous en sommes presque convaincus. Enfin, la trouvaille de Spy nous fait entrevoir un caractère simien nouveau à ajouter à ceux que nous acceptions déjà pour l'homme du Néanderthal.

Assurément, la race du Néanderthal n'est pas la première

race humaine, il est certain que l'avenir nous fera connaître ses précurseurs ; mais, telle qu'elle se présente pour le moment, nous pouvons hardiment dire qu'elle diminue déjà la distance qui sépare nos races actuelles de nos plus proches voisins anatomiques, les grands singes anthropoïdes.

Le mémoire de M. Fraipont est donc de ceux qui prendront un rang important dans la science. La description anatomique qui en est le fond essentiel, sinon exclusif, est faite avec lucidité et de main de maître. Il est excellent sous tous les rapports, et votre commission, à l'unanimité, l'a jugé tel.

Le second mémoire, présenté pour le prix Broca par le docteur Collignon, est intitulé : *Étude sur l'ethnographie générale de la Tunisie*, et a paru dans le *Bulletin des travaux historiques et scientifiques du ministère de l'instruction publique*. Il a 172 pages et est accompagné de 4 cartes coloriées ethnographiques de la Tunisie, de 2 planches de courbes graphiques et de 20 photographies de types d'indigènes tunisiens. Il est complété par un mémoire sur les *Ages de la pierre en Tunisie*, publié dans nos « Bulletins » et dans les « Matériaux », et par un mémoire sur la *Répartition de la couleur des yeux et des cheveux chez les Tunisiens*, paru avec carte coloriée dans la *Revue d'anthropologie*. Cette dernière carte porte à cinq le nombre des cartes ethnographiques sur la Tunisie, publiées par M. Collignon.

Nous n'avons pas à parler de ces deux derniers mémoires, mais du premier seulement.

Le docteur Collignon a séjourné trois ans en Tunisie, il en a visité la plus grande partie, il a vécu notamment à Tunis, à Bizerte, à Sousse, à Gafsa, et a fait maintes excursions dans les oasis du Sud. Pendant ce temps, il n'a cessé d'observer les indigènes au point de vue anthropologique et de pratiquer des mensurations sur tous ceux avec lesquels ses fonctions le mettaient en rapport. Outre les mémoires ci-dessus, il a publié quelques travaux spéciaux d'anthropologie sur la Tunisie, notamment sur l'angle facial et sur l'indice nasal des nègres, des Berbers et des Arabes. D'emblée, il s'est constitué l'anthropologiste de notre possession nouvelle d'Afrique.

Son présent mémoire commence par une introduction s'inspirant des meilleurs auteurs, sur l'historique des diverses populations qui se sont succédé dans ce pays. Puis il entre dans le vif de la question qu'il s'était posée : Quels sont les éléments constituants de la population indigène actuelle de la Tunisie? Quels sont les types qu'on y retrouve à la suite des mélanges séculaires de toute nature dont elle a été le théâtre? Quels sont les types que l'on peut rapporter aux peuples si nombreux, dont l'histoire fait mention dans cette partie de l'Afrique septentrionale?

Le docteur Collignon arrivait dans des conditions rares. Il avait la bonne fortune, mais aussi le désavantage, d'aborder un terrain vierge pour l'anthropologie. Rien pouvant l'éclairer n'avait encore été publié sur le pays. Il ne possédait, pour se guider, que les travaux faits sur un pays limitrophe, habité vraisemblablement par des races semblables, travaux qui ont été résumés par MM. Faidherbe et Topinard dans les *Instructions* de notre Société *sur l'anthropologie de l'Algérie.*

Mais il connaissait les difficultés du problème à résoudre, ce qui est un grand avantage. De plus, il était initié à toutes nos méthodes d'investigation qu'il avait mises à l'épreuve en France, dans un travail remarquable sur les races de notre pays. Il savait que dans toutes recherches du genre de celles auxquelles il allait se livrer, il faut conduire de front la méthode descriptive et la méthode des mensurations, l'étude analytique des individus paraissant exprimer le mieux les types les plus répandus et l'étude synthétique des masses. Il savait que pour cela il faut recourir aux statistiques et aux moyennes portant successivement sur les caractères physiques les plus décisifs, tels que l'indice céphalique, l'indice nasal, la couleur des yeux et des cheveux, la taille, sans parler de l'indice facial encore à l'étude, ni des proportions du corps.

J'ai parlé des difficultés. Permettez-moi de vous donner un aperçu des principales, de celles que l'on méconnaît trop dans les circonstances où M. Collignon se trouvait, de celles que rencontre tout voyageur lorsqu'il aborde un pays neuf.

Dans aucun pays du monde peut-être, quelque circonscrite que soit la région envisagée, il n'existe de population dont la composition soit une. Partout se sont produits des mélanges; c'est une vérité anthropologique que l'on oublie trop et que l'on ne saurait trop répéter. Partout ont passé des populations diverses : les unes réputées autochtones, qui se perdent dans la nuit des temps, et qui persistent toujours comme le substratum sur lequel viennent s'établir les populations ultérieures; les autres venues ensuite, sans bruit, peut-être numériquement fortes, et ayant, par conséquent, dû exercer une influence physique plus ou moins grande sur leurs prédécesseurs; d'autres, intervenues à titre de conquérants, ayant passé plus ou moins vite, et cependant ayant tour à tour laissé leurs noms, leurs langues, leurs coutumes, leurs religions, en ne modifiant que superficiellement les populations antérieures, ou ne donnant lieu que çà et là à des expressions plus ou moins accusées de leurs traits propres. De ces conquérants, il y en a eu à toutes les époques. Ce sont eux dont l'histoire parle, dont les noms retentissent au loin, dont les exploits sont chantés, eux dont nous connaissons les langues, les coutumes et les religions, et qui ont laissé les dénominations, les légendes, les dates que les historiens nous transmettent et sur lesquelles reposent toutes nos conjectures.

En Tunisie, par exemple, l'histoire, la tradition et l'archéologie nous apprennent qu'aux temps les plus reculés il y avait à l'ouest de l'Égypte deux populations distinctes : au nord les Lebous ou Lybiens, au sud des Nègres. Ces derniers étant laissés de côté, c'est aux Lebous que doit être réservé le nom d'autochtones, la question de leur provenance étant abandonnée comme insoluble.

Plus tard, vers l'an 1600 avant Jésus-Christ, nous voyons

apparaître venant du nord, par le détroit de Gibraltar, ou directement à travers la Méditerranée, des guerriers sous le nom de *Tamahou*, de *Maschouah*, de *Tyrrhéniens*, de *Sardans* (Sardes), de *Sicules* (Sicile) ; les uns blonds et de haute taille, les autres bruns. Les premiers sont ceux sans doute qui ont introduit l'usage des monuments mégalithiques en Afrique.

Plus tard, vers l'an 813, les Phéniciens fondent Carthage, dont on connaît les armées de mercenaires étrangers, comprenant entre autres des Gaulois blonds. A l'époque romaine, les renseignements se dessinent ; il y a dans cette partie de l'Afrique trois populations : les Numides au nord, les Gétules plus bas, les Éthiopiens ensuite, auxquels il faut ajouter, d'après les dernières indications, une foule de dénominations, par exemple les Leucéthiopiens de Ptolémée, qui étaient blonds, à en juger par leur nom. Le nom de Berber, appelé à un si grand retentissement ultérieur, apparaît pour la première fois dans Pline. Suivant Tissot, ces Berbers seraient venus du sud-est, d'au delà de la mer Rouge, au commencement de notre ère.

Lors de l'invasion des Arabes, au neuvième et au onzième siècle, Arabes dont le nombre a été bien moindre qu'on ne le pense, deux genres de populations sont indiqués : des tribus berbères et des tribus non berbères. Les Arabes laissent aux Berbers leur nom, leur langue, leur religion et une partie de leurs coutumes. Alors paraissent les Turcs sur le littoral, et enfin les Européens, sans parler des Israélites. Aujourd'hui, il y a deux langues indigènes . l'arabe et le berber. Quelle est l'origine de cette dernière ? Ceux que l'on nomme Berbers l'ont-ils importée, ou bien n'est-elle que la langue des anciens Lebous ou celle des Numides, qu'auraient prise les Berbers ?

Voilà pour la population comme pour les noms donnés dans l'histoire ; mais à côté il y a les invasions anonymes. Il est un élément ethnique, entre autres, que nous reconnaissons aux caractères qu'il a laissés çà et là actuellement, et que rien ne fait soupçonner dans les renseignements précédents, ce sont les brachycéphales. Sont-ils venus d'Europe avec les constructeurs de dolmens et les Tamahous, ou sont-ils venus d'Asie ? Nous l'ignorons.

C'est dans les alluvions abandonnées par ces flux et reflux de populations de toute nature que le docteur Collignon avait à opérer, dans la masse présente qui est résultée de leur brassage prolongé ; les unes, parmi ces populations, ayant tenu une grande place dans l'histoire et une petite place peut-être dans la constitution actuelle de cette masse ; les autres, absolument inconnues et cependant ayant eu le nombre peut-être pour elles, et ayant, celles-là, maintenu leurs types purs, ou atténués, ou croisés.

Dans tous les pays, une confusion semblable, des difficultés de ce genre sont réservées à l'anthropologiste. Les territoires que leur situation géographique ou la richesse de leur sol signalent à la convoitise des peuples avides de mouvement, n'en ont pas le privilège. Dans les pays écartés, loin des remous naturels de populations, le mélange est aussi grand, les provenances aussi multiples. Et cependant l'anthropologie doit en prendre son parti. C'est dans cette masse qu'elle doit démêler les types actuels afin de remonter par eux aux types anciens, à ceux des races composantes de la présente population.

Jusque dans ces derniers temps, l'anthropologie vivait dans les illusions de la jeunesse, elle confondait les peuples et les races ; le critérium facile de la race, malgré les objections, était la langue. Aujourd'hui, elle est sortie de cette période de naïveté, la notion de race ne repose que sur les caractères physiques et physiologiques. Les anthropologistes éclairés savent ce que valent cette notion et celle de type ; ils savent que la race existe dans les mots plus que dans les faits et n'est qu'une hypothèse nécessaire, une vue de notre esprit, une conception, celle de la continuité ininterrompue dans le cours des siècles d'un type physique déterminé, continuité qui implique une communauté de sang, un lien de parenté dans une suite de familles étendues. Le type est donc le point de départ, la condition *sine quâ non* de la race, c'est-à-dire un assemblage de caractères que l'on regarde comme naturellement réunis en vertu de l'influence héréditaire admise.

Or si, dans la pratique, on parvient, par un travail méthodique d'analyse.à reconnaître dans une population donnée des ensembles de caractères se répétant sur un assez grand nombre d'individus pour être en droit de croire que leur réunion n'est pas due au hasard, il s'en faut qu'on puisse démontrer que ces ensembles de caractères se sont perpétués pendant un nombre suffisant de générations, sur un nombre suffisant de familles, pour être regardés comme l'expression ou le type des vraies races.

Chez les animaux domestiques, la filiation des caractères se suit naturellement, lorsque les unions sont dirigées et enregistrées avec soin. On sait quel couple a été le point de départ de la race, quelles influences de milieu sont venues en aide, et combien il a fallu de générations pour aboutir à la consolidation des caractères; le mot de *race* est employé en toute sécurité.

Mais chez l'homme, où les généalogies se perdent dans la nuit du passé, où le hasard préside aux unions et tend à dissocier autant qu'à consolider et perpétuer les types, la justesse du mot devient fort problématique. Encore ne faisons-nous allusion ici qu'aux filiations à courte échéance ! Dès que l'esprit cherche à relier les types du temps présent aux types de l'histoire, il ne rencontre qu'obscurité. Contrairement à toutes les idées qu'on préconise par habitude, la règle, ce ne sont pas les transmissions directes et ininterrompues, mais bien au contraire les dissociations de caractères et de types. La loi d'hérédité, dans les conditions où elle s'exerce dans nos sociétés, disperse les caractères plus qu'elle ne les concentre. Toutefois, comme dans le fond de toute population il y a toujours un ou plusieurs éléments qui prédominent, et que ces éléments ont été représentés, à une certaine époque, par des types relativement plus fixes, plus consolidés, on conçoit qu'il y ait une tendance générale plus accentuée à la reproduction de ces types. De là une certaine persistance des types anciens, qui laisse à l'anthropologiste l'espoir de les retrouver.

Je ne dis rien, dans tout cela, de l'influence des milieux, qui favorisent le développement de certains caractères de préférence, et, par conséquent, la transformation définitive des types anciens; ni de certains adossements prolongés de populations, qui tendent à donner naissance à des types mixtes absolument nouveaux.

Il faut donc, avouez-le, messieurs, une certaine dose de foi et une véritable ardeur au travail, lorsqu'on n'ignore pas toutes les difficultés, et M. Collignon ne les ignorait pas, pour ne pas se rebuter d'emblée et entreprendre courageusement de démêler, dans un pays, les éléments constituants d'une population, de déduire les types anciens des types actuels, et surtout de donner à chacun la dénomination qui lui convient, en rapport avec les indications fournies par l'histoi e et l'archéologie.

Et cependant il faut l'avoir cette hardiesse, sans quoi la science ne progresserait pas. Se nourrir d'illusions, croire les choses faciles, s'appuyer sur des propositions non démontrées, est certainement déplorable; mais reculer devant les difficultés l'est davantage encore. La science n'est qu'une succession de luttes et d'impossibilités vaincues, un champ de bataille où la victoire reste aux plus persévérants, à ceux qui ne désespèrent jamais.

La première impression d'un voyageur qui débarque dans un pays est, en général, celle que Humboldt, Morton et tant d'autres ont ressentie : c'est que tous les individus se ressemblent et paraissent ne former qu'une même race. La couleur, la physionomie, le maintien, le costume expliquent cette première impression. Mais peu à peu la lumière se fait, les différences apparaissent et finissent même par sembler si grandes, qu'on est pris d'un vrai découragement. Bientôt pourtant, à force de regarder, surtout lorsqu'on procède avec méthode, que l'on enregistre ses observations quotidiennes et que l'on mesure, on s'aperçoit que certains caractères se répètent et s'associent de préférence. Un premier type se dégage, celui qui prédomine; puis un second, celui qui fait contraste avec celui-ci; puis un troisième, et progressivement les autres. Finalement tout s'éclaircit à ce point qu'on reconnaît les passages d'un type à l'autre, les croisements, et qu'il ne reste plus que les points obscurs à réserver.

En somme, l'étude des éléments constituants d'une population et la recherche des races dont elle se compose est une des opérations les plus laborieuses et les plus complexes de l'anthropologie. Faire de la craniologie à tête reposée, dans son laboratoire, mesurer cent individus et en calculer les moyennes, disséquer un cadavre pour y découvrir les anomalies, fouiller une grotte, philosopher sur les étapes du progrès, ce n'est rien. Mais travailler au loin, s'attaquer aux difficultés que nous venons d'énumérer, faire converger tous les moyens d'investigation, tous les renseignements, toutes les connaissances pour débrouiller le chaos des races du présent, pour établir leurs relations avec celles du passé, voilà qui est méritoire et ce que la Société d'anthropologie, qui vit de ces documents, ne saurait, pour être conséquente avec la mission qu'elle s'est donnée, trop apprécier.

Non seulement M. Collignon a compris tout cela, mais il a su mener son œuvre à bonne fin. Son travail est considérable. Ne pouvant en aborder toutes les parties, je me bornerai à vous en résumer les conclusions principales, celles qui ont trait aux types et à leur description.

La population actuelle de la Tunisie est, en somme, fort mêlée. Laissant de côté les Européens, les nègres et les juifs, elle se partage, au point de vue physiologique, en deux groupes : les sédentaires, dits *Berbers*, et les nomades, dits *Arabes*. Chez les uns et les autres on rencontre des types très divers, plus ou moins francs ou croisés. Parmi les Berbers, cinq surtout se détachent ; parmi les Arabes, trois.

1° Le plus répandu est berber. On le rencontre partout ; c'est celui que tous les voyageurs remarquent tout d'abord, aussi bien en Algérie qu'en Tunisie, dans les tribus berbères, dans les tribus arabes également. Il semble le plus pur dans certains points de la Kroumirie, dans les environs de Kef, dans quelques localités des environs de Sousse. A Gafsa, il forme environ les deux cinquièmes de la population ; à Gabès, environ 38 pour 100 ; à Djerbah, environ 30 pour 100. Ses caractères principaux se résument ainsi : Ce type est dolicho-céphale, leptoprosope, leptorhinien, de haute taille, brun ; le corps est mince, élancé ; les épaules sont larges, le bassin est étroit. Entrons dans quelques détails.

La taille moyenne de 426 individus du nord et de l'est a été trouvée de 1^m,669, et celle de 46 autres individus, à Mateur et Kef, où le type est plus pur, de 1^m,681. L'indice céphalique de 56 sujets, dans ces dernières localités, était de 74.76. L'indice nasal est de 69.8. L'angle facial de Cuvier, les deux extrémités de la ligne faciale étant l'ophryon et le bord des incisives, est de 62.47, ce qui est peu. Nous ne reviendrons pas sur la face étroite et longue. Le front est droit, moins cependant que dans le type brachycéphale dont nous parlerons tout à l'heure, les bosses frontales sont basses et rapprochées, les crêtes surcilières et la glabelle moyenne-ment accusées, les sourcils courbés ou droits, assez bien des-sinés, l'échancrure de la racine du nez peu profonde. Le nez, dans son ensemble, est long et droit dans 59 pour 100 des sujets, et convexe ou légèrement convexe dans 40 pour 100 ; jamais il n'est concave. Le plan de sa base est horizontal, les narines sont minces et bien dessinées, la bouche est moyenne, les lèvres moins épaisses que chez les autres Tunisiens, le menton droit.

Vu de face, le visage est étroit, allongé, régulier, quoique un peu rétréci à sa partie inférieure ; les pommettes sont à peine indiquées ; l'ensemble n'est pas ovale, mais plutôt carré au niveau du maxillaire inférieur. Les yeux ne sont pas grands, mais bien ouverts, bruns et d'un dessin agréable, l'espace interorbitaire est large, les oreilles sont grandes et écartées de la tête.

La peau est claire, les cheveux bruns très foncés, mais non noirs, le véritable noir, le noir de jais, étant réservé aux Arabes et la couleur des cheveux de toutes les races berbères n'ayant ni le brillant, ni la teinte vraiment noire.

Nous ajouterons à ce que nous avons dit des proportions du corps, que le thorax est plutôt court, la taille mince à la ceinture, et le pied relativement petit.

2° Le second type berber reconnu par le docteur Collignon se rencontre dans les oasis du Sud, et aurait son maximum de pureté dans le Djérid, cette île perdue dans le désert. Il est encore dolichocéphale, davantage même (72), mais il a un nez mésorhinien (76) et retroussé, la taille est plus haute encore (1^m,70), les cheveux sont noirs de jais, le front et le menton sont fuyants, la face est en lame de couteau, le teint est basané, les épaules sont larges et carrées comme sur les statues égyptiennes, les hanches sont étroites.

Le type suivant est encore dolichocéphale (74) et mésorhinien (71 millimètres), mais il est petit (1^m,62). Il est brun et caractérisé surtout par la largeur de la face au niveau des arcades zygomatiques. Il offre ceci, fort important à noter, qu'il se rencontre dans les centres montagneux, au sud de la Medjerdah, la seule région du pays où il y ait des dolmens, puis à Ellèz, à la Kessera, etc.

A la suite de ces trois types dolichocéphales bruns, vient un type brachycéphale (81), mésorhinien, brun encore, de petite taille, dont le centre est au sud, à l'île de Djerbah, là où jadis habitaient les Lotophages. On le rencontre aussi le long du littoral près de Sousse, près de Monastir et à Bizerte. Ce type soulève de graves problèmes, celui auquel j'ai fait allusion lorsque j'ai parlé de ceux dont l'histoire ne laisse pas entrevoir le moment d'arrivée. On le retrouve aussi dans le M'zab et la Kabylie.

3° Je laisse de côté les autres types. Le type blond qui est rare, quoiqu'il soit de ceux sur lesquels les historiens insistent le plus volontiers, d'abord parce qu'il frappe l'attention dans ce milieu toujours brun, ensuite parce qu'il appartient à un groupe de population guerroyante qui a toujours eu le talent de faire parler d'elle. Puis les trois types arabes divisés par M. Collignon en type fin ou arabe vrai, type grossier ou assyroïde, et type arabe plus ou moins entaché de mongoloïde, c'est-à-dire ayant des traits asiatiques, tels que les yeux bridés, le nez épaté, le teint jaunâtre.

Ces huit types, messieurs, sont représentés par M. Collignon dans des photographies excellentes annexées à son mémoire. Leur distribution géographique y est donnée, d'abord dans trois cartes, de la taille, de l'indice céphalique et de l'indice nasal, auxquelles on doit ajouter une quatrième sur la couleur des yeux et des cheveux, publiée par la *Revue d'anthropologie;* puis dans une carte d'ensemble pour les types eux-mêmes.

Je m'arrête ici, en regrettant de ne pouvoir insister davantage sur tout ce que renferme le travail du docteur Collignon, notamment sur le chapitre concernant les proportions du corps, sujet si peu traité et si mal traité en général. Rien, du reste, ne manque dans ce mémoire. L'auteur n'a reculé devant aucune partie de sa tâche; partout il a été au fond des choses. C'est une œuvre complète, à laquelle certainement on pourrait adresser quelques critiques, mais que nous sommes autorisés à présenter aux voyageurs dans les conditions où il s'est trouvé, comme un modèle du genre de recherches que notre Société demande à tous avec insistance.

La Commission, en somme, messieurs, s'est trouvée en présence de deux mémoires de premier ordre, les deux portant sur des sujets favoris de Broca, les deux répondant à des instructions répandues par notre Société, les deux rentrant directement dans le programme du prix institué par Mme Broca.

Le travail de M. Collignon est le plus considérable, le plus original dans son genre, il est le fruit de trois années d'observations et de mensurations laborieuses dans une terre neuve, aujourd'hui française ; il est de ceux que nous avons trop rarement l'occasion de récompenser et pour lesquels notre Société a toujours manifesté une juste faiblesse.

Le travail de M. Fraipont ne comportait pas de développements aussi étendus: c'est un travail classique de laboratoire. Ce qui en fait la haute valeur, c'est moins la correction des méthodes suivies et le talent apporté dans l'exposition des faits que l'importance même des pièces précieuses sur lesquelles il porte.

Pour ces motifs la Commission n'a pas hésité, elle a été unanime dans ses deux décisions et vous propose :

1° De décerner le prix Broca de cette année à M. le docteur René Collignon, chirurgien-major au 25e de ligne, pour son mémoire sur l'*Ethnographie générale de la Tunisie;*

2° D'accorder une médaille d'argent à M. Julien Fraipont, professeur de géologie à l'Université de Liège, pour la partie anatomique de son mémoire sur les *Ossements de Spy*, fait en collaboration, pour la partie archéologique, avec M. Maxime Lohest.

Paris. Typ. A. Hennuyer, 7 rue Darcet.